Tres Comunidades Milenarias

POR SANDY RIGGS
ADAPTADO POR CARLOS FRANCO

CONTENIDO

Ilustraciones para analizar	i
Palabras para analizar	iii
Introducción	2
Capítulo 1 Antigua Menfis	4
Capítulo 2 Antigua Atenas	10
Capítulo 3 Antigua Roma	16
Conclusión	22
Glosario	23
Índice	24

Ilustraciones para analizar

TRES COMUNIDADES MILENARIAS

Palabras para analizar

Características

- cuatro lados
- cima puntiaguda
- ?

Ejemplos

- tumba egipcia
- templo azteca
- ?

pirámide

¿Qué crees que significa la palabra **pirámide**?

democracia

¿Qué crees que significa la palabra **democracia**?

En griego: **demos** (pueblo)

En griego: **cratos** (poder)

Halla más pistas leyendo
democracia, página 12
escriba, página 5
pirámide, página 7

escriba

¿Qué crees que significa la palabra **escriba**?

¿Qué hace un **escriba**?
- lee
- ?
- escribe

¿Qué hace un **escriba**?
- sucesos
- ?
- comercio

iv

Introducción

¿Cómo vivía la gente hace mucho tiempo? ¿Qué hacían? ¿Hacían lo mismo que tú? ¿La vida era como es en nuestros días?

Visitemos tres lugares de la antigüedad. Veamos cómo era la vida en esas comunidades **antiguas**. Hace miles de años, la gente vivía allí.

el Coliseo de Roma

El primer sitio que visitaremos es la antigua Menfis. Está en Egipto. Hace mucho calor allí. La gente duerme sobre los techos de sus casas para refrescarse.

El segundo sitio es la antigua Atenas. Está en Grecia. Allí vivieron grandes pensadores y escritores.

El tercer sitio es la antigua Roma. Está en Italia. Es una ciudad activa y divertida. Sigue leyendo para aprender más acerca de estas tres comunidades.

el Foro de Atenas

las pirámides de Menfis

CAPÍTULO 1
LA ANTIGUA MENFIS

Viajemos al pasado. Estamos 5,000 años atrás. Es un día muy caluroso en Menfis. La ciudad está a orillas del río Nilo. Éste es un río muy grande de Egipto. El agua se desborda más allá de la ribera. Esto ayuda a los agricultores. El Nilo se desborda todos los años. Deja a su paso una tierra rica y negra, buena para la siembra.

Fuente primaria

Mucha gente pintaba para expresar cómo vivían. Esta pintura muestra cómo trabajaban los agricultores egipcios. Fue encontrada en la pared de una tumba.

El rey gobierna este territorio. Es dueño de las granjas. La gente pobre trabaja en el campo. Aran la tierra. Siembran las semillas. Cosechan. Los niños tienen que ayudar.

Muchas de estas granjas son enormes. El trabajo es duro. Los días son largos y calurosos. Los agricultores deben producir alimento para el rey.

¿Cómo sabe el rey lo que cosechan sus trabajadores? El rey tiene **escribas**. Los escribas hacen reportes para el rey. Escriben lo que se compra y vende. El rey lee sus reportes con atención.

Pintura y escritura

Los antiguos escribas tenían que aprender una escritura especial. Ésta usaba dibujos, llamados jeroglíficos.

CAPÍTULO 1

Los reyes viven en la antigua Menfis. Ellos hacen las leyes. Estas leyes les ayudan a los reyes a gobernar. Las leyes ayudan a mantener el orden dentro de la comunidad.

Menfis es una ciudad muy activa. La gente compra y vende mercancías. Algunas personas venden ollas de barro, ropa y herramientas. Otros venden comida. Ellos venden pescado, carne, vegetales y especias.

◀ Panaderos hacen pan.

▼ El alfarero es uno de los artesanos en Menfis.

ANTIGUA MENFIS

Los reyes son muy importantes. Edificios enormes se construyen para ellos. Éstos son las **pirámides**. Éstas son tumbas enormes para los reyes. Hay pinturas en las paredes interiores que narran la vida del rey.

¿Quién construyó estas tumbas enormes? Las hicieron miles de trabajadores. Muchos esclavos ayudaron a construirlas. Ellos usaron más de dos millones de piedras pesadas para construir la más grande.

Perspectiva histórica

Los esclavos en Menfis

Los esclavos eran personas que pertenecían a otras personas. En la antigua Menfis, la gente pensaba que era correcto tener esclavos. Esto cambió en el transcurso de la historia. La gente empezó a comprender que la esclavitud estaba mal.

▲ La Gran Pirámide se construyó hace casi 4,000 años. Todavía se conserva.

CAPÍTULO 1

La vida cotidiana

La mayoría de las casas de Menfis están hechas de ladrillos de barro. Hace mucho calor adentro. Mucha gente duerme en los techos para refrescarse.

La gente se viste sencillamente. Algunos hombres y mujeres usan joyas de oro.

Los niños van a la escuela. Aprenden matemáticas, ciencias e historia. Escriben en rocas. Los niños también se divierten. Tienen juegos con bolas y palos. También tienen juegos de mesa, canicas y muñecas.

▲
Este collar de cuentas de oro perteneció a un rey de la antigua Menfis.

▲
Estas sandalias de cuero de la antigua Menfis tienen 5,000 años.

8

La gente de Menfis tiene muchos dioses y diosas. Ra es el más poderoso. Es el dios del sol. Ra cruza el cielo abordo de un bote.

Dioses y diosas de la antigua Menfis

Ra	**Osiris**	**Horus**
dios del sol	dios de la muerte	dios de la luz
Isis	**Seshat**	**Maat**
diosa de la naturaleza	diosa de la escritura	diosa de la verdad

¡Es un hecho!

La diosa Bastet tenía el poder curativo del sol. En la antigua Menfis, muchas familias tenían gatos como mascotas. Cuando el gato moría, la familia expresaba su dolor rasurándose las cejas.

¡Revísalo!

Lee más sobre esto

Lee sobre el legado que los antiguos egipcios nos dejaron: un reloj de sol, un calendario y muchas ideas matemáticas.

CAPÍTULO 2
LA ANTIGUA ATENAS

Es el año 500 a.C. Ahora estamos en la antigua Atenas. Está en Grecia. Atenas es una ciudad construida sobre colinas. Está cerca del mar. Es una ciudad muy activa. Tiene edificios muy hermosos. Vamos a verla.

▼ Atenas era una comunidad importante en la antigua Grecia.

Atenas tiene un mercado al aire libre. Se le llama el **ágora**. La gente va ahí a comprar productos. Esas personas compran ropa, comida y artículos de barro. Los hombres hacen la mayoría de las compras.

La gente también se reúne ahí. Los niños van ahí con amigos. Es un lugar divertido.

▲ Los artesanos hacían cosas muy bellas, como este jarrón. Aquí se muestra cómo se vestían las personas en esa época.

▲ Éste es un alfarero de la antigua Atenas.

CAPÍTULO 2

Un hombre de Atenas tiene ideas muy novedosas. Su nombre es Solón. Él piensa que nadie debe ser esclavo. Quiere que todos tengan el derecho de participar en el gobierno de la ciudad. Hasta ahora, sólo los ricos podían hacer las leyes.

Solón y la gente de la ciudad trabajan hombro con hombro. Así logran una mejor forma de hacer las leyes. Se trata de un nuevo tipo de gobierno. Se le llama **democracia**.

Ellos hicieron un cambio

Pericles fue otro gran líder de la antigua Atenas. Al igual que Solón, Pericles creía en la democracia. También él hizo posible que la gente pobre participara en el gobierno de la ciudad.

▲ Pericles también fue un general del ejército de la antigua Atenas.

◀ Gracias a las ideas de Solón, mucha gente de la antigua Atenas tuvo una vida mejor.

Ahora más personas pueden votar. Todos los hombres que son **ciudadanos** pueden tomar parte. Pueden hacer discursos. Pueden votar por las leyes.

Atenas está creciendo. La gente espera que el nuevo tipo de gobierno va a funcionar. Ayudará a que todos se lleven mejor.

¡Es un hecho!

En la antigua Atenas, algunos habitantes no eran considerados ciudadanos plenos. Entre ellos estaban las mujeres, los esclavos y los extranjeros. Las mujeres no podían participar en el gobierno. Pero muchas de ellas aconsejaban a los líderes. Varias de sus ideas se pusieron en práctica.

En la antigua Grecia, muchos esclavos provenían de otros países. Este joven esclavo era de África.

CAPÍTULO 2

La vida cotidiana

La mayoría de las casas en Atenas están hechas de ladrillos de barro. Tienen techos de arcilla cocida. Cuando las personas reciben más dinero, construyen nuevos cuartos para sus casas.

▲ A los antiguos griegos les encantaba bailar y tocar música.

En el centro de cada casa hay un espacio abierto. Las familias cocinan allí. También comen allí.

Las personas trabajan juntas. Hornean pan y tejen lana juntos. También se divierten juntos. Hacen obras de teatro. Practican deportes.

1 Resuelve

La dracma era una moneda de la antigua Atenas. Otra moneda era el óbolo. Una dracma era igual a seis óbolos. Ahora, supón que un pedazo de pan cuesta una dracma y media. Tú pagas con dos dracmas. ¿Cuántos óbolos recibirás de vuelto?

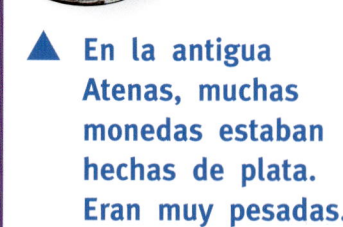

▲ En la antigua Atenas, muchas monedas estaban hechas de plata. Eran muy pesadas.

ANTIGUA ATENAS

En la antigua Atenas, la gente también tiene muchos dioses y diosas. La siguiente tabla te muestra algunos de ellos.

Dioses y diosas de la antigua Atenas

Zeus
padre de los dioses y del clima

Athena
diosa de la sabiduría

Hera
diosa del matrimonio

Apollo
dios de la música

Artemis
diosa de la cacería

Ares
dios de la guerra

Apolo

CAPÍTULO 3
LA ANTIGUA ROMA

Existe una leyenda sobre Roma. Trata de dos hermanos. Una loba los encontró cuando estaban recién nacidos. La loba los crió con su propia leche. Al crecer, los dos hermanos construyeron una ciudad. Esa ciudad es Roma.

La historia verdadera es muy distinta. Alrededor del año 800 a.C., un pueblo encuentra una tierra muy buena para cultivar. Se desplazan allí para producir alimentos. Esas personas forman pueblos. Los pueblos están sobre colinas. Esas colinas están a orillas del río Tíber.

▼ La antigua Roma fue construida a orillas del río Tíber.

En Roma vive mucha gente. Se dividen en dos grupos principales. El primero es un grupo pequeño. Son los ricos. Viven en casas muy grandes. A estas personas se les llama **patricios**. Son dueños de grandes extensiones de tierra.

El otro grupo es el de los trabajadores. Son campesinos y artesanos. A ellos se les conoce como **plebeyos**. En Roma también viven muchos soldados.

CAPÍTULO 3

Los patricios son los líderes. Concentran todo el poder en sus manos. Los plebeyos son pobres. No tienen ningún poder. Quieren irse de Roma. Quieren fundar su propia comunidad.

Los patricios necesitan a los trabajadores. Por eso no quieren que los plebeyos se vayan. Tampoco desean entablar un pleito con ellos. Los patricios hacen nuevas leyes. Estas leyes les dan a los plebeyos algunos derechos. Ahora los plebeyos también pueden ayudar a hacer las leyes.

▼ El **foro** era un lugar de reunión en la antigua Roma. Algunos restos del foro romano permanecen de pie hoy en día.

ANTIGUA ROMA

Las nuevas leyes se escriben o graban en tablas de piedra. Hay doce tablas en total. Deciden colocarlas en el mercado. Todos los romanos corren a conocer las nuevas leyes.

La antigua Roma tiene un nuevo tipo de gobierno. Se llama **república**. La gente elige a los líderes que los gobernarán.

Los líderes quieren hacer de Roma una ciudad muy poderosa. Construyen nuevos caminos. Los caminos permiten que Roma tenga comercio con otros pueblos.

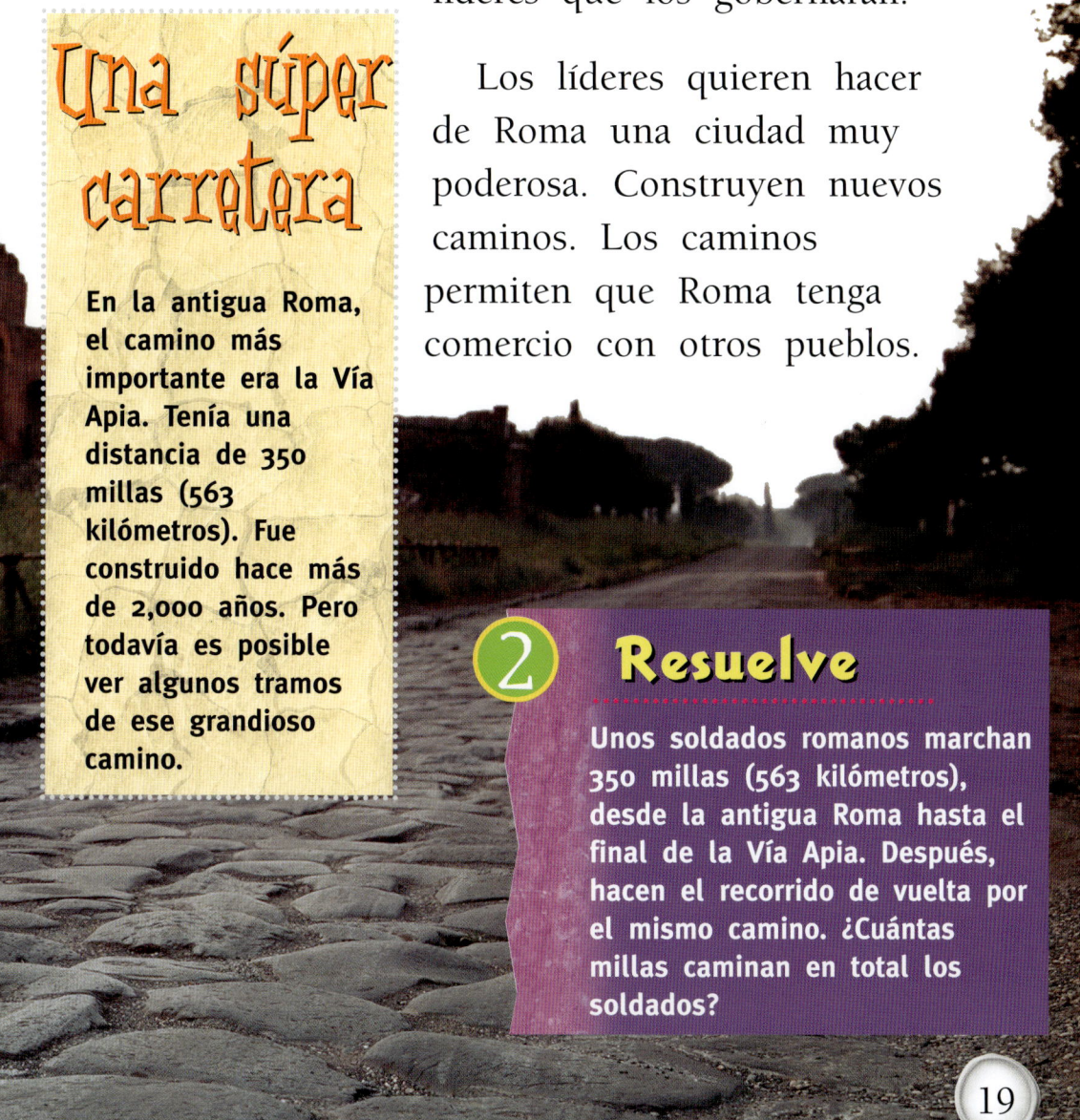

Una súper carretera

En la antigua Roma, el camino más importante era la Vía Apia. Tenía una distancia de 350 millas (563 kilómetros). Fue construido hace más de 2,000 años. Pero todavía es posible ver algunos tramos de ese grandioso camino.

2 Resuelve

Unos soldados romanos marchan 350 millas (563 kilómetros), desde la antigua Roma hasta el final de la Vía Apia. Después, hacen el recorrido de vuelta por el mismo camino. ¿Cuántas millas caminan en total los soldados?

CAPÍTULO 3

La vida diaria

Roma es una ciudad muy activa. Las calles están llenas de gente que trabaja y compra. Hay muchos soldados en Roma. Los músicos componen melodías. Los niños juegan en las calles. Todo el paisaje está lleno de vida.

Algunos niños van a la escuela. Allí aprenden a leer y escribir. Aprenden matemáticas y a hablar en público. Las niñas estudian en casa.

Los romanos tienen muchos dioses y diosas. En la antigua Roma hay dioses del sol, la luna y de la lluvia. Los romanos construyen templos para adorar a sus dioses. Estos dioses son como los de la antigua Atenas. Observa la página 21. Ahí puedes conocer mejor a los dioses romanos.

◀ En la antigua Roma, la escuela comenzaba poco después de salir el sol. Las clases terminaban cuando casi se ocultaba el sol.

ANTIGUA ROMA

Dioses y diosas de la antigua Roma

Júpiter
jefe de los dioses y del clima

Juno
diosa del matrimonio

Diana
diosa de la cacería

Marte
dios de la guerra

Júpiter, llamado también Jove, era el principal dios romano.

Venus
diosa del amor y la belleza

Neptuno
dios de los mares

¡Revísalo!

Haz conexiones

¿En qué se parece tu vida a la de un niño de la antigua Roma? ¿En qué es distinta tu vida?

CONCLUSIÓN

Aquí has aprendido sobre tres grandes ciudades antiguas. Ellas eran parecidas y distintas. Las tres tenían dioses. Todas tenían un gobierno. Sus ciudadanos iban de compras. Se reunían con amigos. Iban al mercado. Ahora, usa la siguiente tabla para describir esas tres ciudades. ¿En qué se parecían? ¿En qué eran distintas?

	Gobierno	Dioses	Vida cotidiana
ANTIGUA MENFIS			
ANTIGUA ATENAS			
ANTIGUA ROMA			

Glosario

ágora — mercado al aire libre en la antigua Atenas (página 11)

antigua — que pertenece a un tiempo muy lejano (página 2)

ciudadano — alguien que vive y pertenece a una comunidad (página 13)

democracia — forma de gobierno en la que el pueblo tiene el derecho de elegir a sus gobernantes (página 12)

escriba — alguien que podía leer y escribir en la antigüedad (página 5)

foro — mercado al aire libre en la antigua Roma (página 18)

patricio — persona rica e influyente en la antigua Roma (página 17)

pirámide — tumba de los antiguos reyes de Egipto (página 7)

plebeyo — trabajador en la antigua Roma (página 17)

república — forma de gobierno en la que el pueblo elige a sus gobernantes y los gobernantes hacen las leyes (página 19)

ÍNDICE

ágora, 11
antigüedad, 2-10, 12-16, 18-22
Atenas, 3, 10-15, 20, 22
ciudadano, 13
democracia, 12
dioses y diosas, 9, 15, 20-22
Egipto, 3-4, 9
esclavo, 7, 12-13
escriba, 5
escuela, 8, 20
foro, 3, 18
gato, 9
Gran Pirámide, 7
Grecia, 3, 10
Italia, 3
jeroglíficos, 5
Menfis, 3-4, 6-9

patricio, 17-18
Pericles, 12
pirámide, 3, 7
plebeyo, 17-18
república, 19
río Nilo, 4
río Tíber, 16
Roma, 2-3, 16-22
Solón, 12
Vía Apia, 19

Resuelve Respuestas

1. Página 14 Tú recibirías de vuelto media dracma. Esto es igual a tres óbolos.

2. Página 19 700 millas (1,126 kilómetros)